신민수 시집
달콤한 게으름

국립중앙도서관 출판시도서목록(CIP)

달콤한 게으름 : 신민수 시집 / 지은이: 신민수. - 서울 :
지구문학, 2011
  p. ;   cm

ISBN 978-89-89240-44-0 03810 : ₩7000

한국 현대시[韓國 現代詩]

811.7-KDC5
895.715-DDC21   CIP2011004122

신민수 시집

달콤한 게으름

지구문학

시인의 말

욕망은 작동하는 기계 같아서
늘 쩔거덕거리며 進軍한다.

가진 것이 너무 많아서 과부하가 걸린
세상에 잠시 스위치를 내리면 어떨까.

소금인형이 되어 바다로 들어가자
짭쪼름한 바다에 나를 녹이고
그 품에 살 냄새를 더하자.

2011년 9월

신 민 수

신민수 시집 · 달콤한 게으름

시인의 말 ··· 9

제1부

사라진다는 것 ··· 16
밥알이 모래알 같다 ··· 17
사막을 걷는다 ··· 18
소화 장애 ··· 20
옷을 벗는다 ··· 22
불면 ··· 23
어린 나는 ··· 24
도형 그리기 ··· 26
양치질을 하다 ··· 28
알 수 없는 일 ··· 29
새치 ··· 30
빈 집 ··· 31
벽 ··· 32
마음의 교란 ··· 34
구곡폭포 ··· 36
동굴 속은 ··· 38
안개 길 ··· 39
단화를 신는 여자 ··· 40

차례

제2부

해질 무렵 · Ⅲ … 42
길 … 43
한강 이야기 … 44
한여름 밤 … 46
바다를 떠난 새우에게 … 48
거리에서 … 50
길 찾기 … 52
개미 … 53
묘지 · 1 … 54
묘지 · 2 … 55
노독 … 56
분수 … 57
매미의 하루 … 58
마른 나무 … 60
마네킹이 웃는다 … 62
부동산투기 … 64
진달래 … 66
탑골공원 뒷골목에는 … 68

신민수 시집 • 달콤한 게으름

제3부

아버지의 부재 · I ··· 70
아버지의 부재 · II ··· 72
아버지 ··· 74
기원 ··· 75
이것이 이별이래 ··· 76
숟가락 떠 넣는 소리 ··· 78
기도 ··· 80
모자 ··· 82
빚쟁이 ··· 84
빗소리 · I ··· 85
빗소리 · II ··· 86
달콤한 게으름 ··· 87
태양 알레르기 ··· 88
하늘을 한 장 넘겨 보면 ··· 90
비야, 길을 열어라 ··· 92
오늘 같은 날은 ··· 94
장마 ··· 96
가뭄 ··· 97

차례

제4부

나무 하나 … 100
나무 · I … 101
나무 · II … 102
낙엽 … 104
그대에게 · I … 105
그대에게 · II … 106
너에게 가는 길 … 108
담쟁이 … 110
커피 … 112
침묵 … 114
코 고는 히말라야 … 115
눈을 감는다 … 116
모래사내 … 118
이천 구년 봄 … 120
이천 십년 봄 … 122
봄, 이창 … 123
달 이야기 … 124
눈 오는 날 … 128

작품해설/ 유클리드 기하학의 탈 구축 · 金相一 … 127

제1부

사라진다는 것/ 밥알이 모래알 같다
사막을 걷는다/ 소화 장애/ 옷을 벗는다
불면/ 어린 나는/ 도형 그리기
양치질을 하다/ 알 수 없는 일/ 새치
빈 집/ 벽/ 마음의 교란
구곡폭포/ 동굴 속은/ 안개 길
단화를 신는 여자

사라진다는 것

바람에 묻은 웃음소리를
모두 걷어서 가슴 앞 포켓에 넣었다

오늘, 창 밖 어둠 뒤에는
조등 하나 노란 나비처럼 나풀거리고
귀퉁이가 찢겨진 그리움 하나가
파르르 떨면서 펄럭인다
어둠 때문인지
분간할 수 없는 그슬린 마음은
쇄골 뼈 바로 밑에 쐐기처럼
단단히 박혀,
제 무게에 눌린 가벼운 목숨 하나
조각조각 떼어내고 있다

겨울을 건너고 다시
봄이 와도 오던 길을 되돌릴 수 없는
더 이상 무겁지 않은 生생
들숨과 날숨 사이를
방황하는 가지런히 입다문 毒독

밥알이 모래알 같다

오늘 내 입 안에
셀 수 없는 작은 돌들이
굴러다닌다

이렇게 커다란 밥숟갈로
입 안 가득
꾸역꾸역 밥알을
떠 넣는 게 슬픈 건
살기 위한
가혹행위이기 때문이다

목구멍이 뻐근하도록
삼켜 보지만
내 가슴 아래쯤에는
꿈틀거리는
사막이 만들어지고
마른 바람의 흙먼지처럼
내 몸뚱아리의 흔적을 지운다

사막을 걷는다

마음을 얻는 것은
햇볕에 달궈진 번뜩이는 모래알을 마음에 얹고
뜨거운 발 이리저리 옮겨 디디며
끝이 없는 사막을 걷는 것 같다

신기루처럼
언뜻 나타났다 이내 모습을 감추는
진실을 가장한 오아시스

다가서면 사라지고 두리번거리고 있노라면
저 멀리서 아름다운 모습으로 손짓하고
숨을 멈추고 옆에 서면 또 어디론가 숨어 버리고 마는.

흩어진 바람이 沙柱사주*를 일으켜 세우는 사막,
마음을 얻기 위해 길들여진 沙漠雷사막뢰*의 절규는
휘청거리는 발걸음을 재촉한다

햇빛은 진실을 하얗게 빛바래게 하고

멀리 안개처럼 피어오르는 축축한 습기는

진실을 가장한 허울 좋은 오아시스

    *沙柱사주 : 사막에서 모래가 회오리바람에 말려 올라가 기둥이 되는 현상
    *沙漠雷사막뢰 : 사막에서 모래가 강한 바람에 날릴 때 일어나는 천둥소리

소화 장애

저녁나절이 다 되도록
딱히 먹은 것이 생각나지 않는데
자꾸만 입에서는 신물이 넘어온다
소화 불량, 위부 팽만감에
효능이 있다는 파나콘* 두 알을
입 속에 털어 넣어 보지만
별다른 효과가 없다

나의 감각들이
부질없는 기억들을
어둡고 텅 빈 희망 속으로
流配유배시키기 전에는,

그럴싸한 세상에
낮은 포복으로 엎드러져
비명 같은 진액을 마땅히 걸어둘 곳에
못을 박기 전에는,

하루치 慾望욕망의 얄팍한 신물은 습관처럼 늘
꿈틀꿈틀 위벽을 타고 올라오나 보다

* 파나콘 : 소화제

옷을 벗는다

오십 년을 입어 온
옷이 남루하다
어디에다 걸어두어도
볼품없는 옷이 성가시다
나들이라도 할라치면 구겨진 표정 위에
물도 뿌리고 다림질도 해 보지만
밝은 햇살 아래 내려놓은
작은 화분처럼 초라하다
비 맞은 안개꽃처럼
모양 빠지는 純粹순수가 애처롭다

가파른 비탈에 뿌리내리려던
무거운 짐을 벗는다
물 빠진 셔츠에 근심이
배어든 옷을 벗는다
깨질까 두려운 유리창에
말갛게 비치는 시간을 벗는다
해 놓고 지키지 않은
아까울 것 없는 세월을 벗는다

불면

귓가에 벌레가 윙윙댄다
퍼덕거리는 시계 초침소리가 눈을 흘긴다

자글자글 타는 이방의 이데올로기
뒤척이는 등 관절 사이에 燐光인광이 흐른다
누렇게 말라 버린 달이 이마에 쏟아진다

틀어막은 귀가 열리고
바늘구멍 사이를 통과하는 까닭 모를 두통이 눈치를 준다

어린 나는

길음동 541번지
콘크리트 냄새에 익숙해진 나는
보도블록 사이 다져진 모래 틈에
삐죽이 머리를 들이밀던
상처투성이 이름 모를 풀 한 포기가
한낮 볕에 데는 고통을 보았지

그래서
배춧잎을 송송 썰어 매운 계절을 버무려
소꿉놀이를 할지언정
길 잘못 들어 망연한 어린 목숨
감히 손대지 못하고
그저 종일 앉아 그늘이 되어 주었지

시멘트 독이 살갗에 스며들까 봐
두려워서였을까
유난히 비누거품을 많이 내던 나는
늘 몸뚱이는 그 곳에 버려두고

나무 사이사이로 햇살이 줄을 서는
먼 곳에 작은 집을 짓고 있었지

도형 그리기

콕, 점을 찍는다
점은 위치는 있으나 크기는 없다*
는 정의를 비웃으며

점은 클수록 좋다
미련이 짙어질수록 덩달아
꾸욱! 꾸욱!
더 큰 점을, 더 진한 점을 찍게 한다

점의 시작은 비장을 도모하며
도형을 구상한다
세모, 네모, 동그라미, 마름모…
집착은 선을 긋게 하고
욕망은 점점 더 큰 도형을 그리게 한다

결국 도형 안에 갇혀 버린
유약한 내 의식은
뚫고 나갈 수 없는 내부의 공명을

의식하는 사이렌 소리에도
몸을 떠는 유배지에 갇힌다

피를 퍼 담아 점을 찍고
크기도 없고 만질 수도 없는 그것으로
팽팽한 시간을 긋고
공간도 확보할 수 없는 각을 세우며
비밀스런 도형을 그린다

* 고대 그리스 수학자 유클리드의 기하학

양치질을 하다

입 안 가득 거품을 문다
나는 오간데 없고
욕실 거울 앞에는 뭉게뭉게
바이러스가 살아 움직인다

썩는 냄새에 욕지기가 나와도
그 틈에서
하얀 이를 드러내며 웃고
목덜미가 뻣뻣하게 굳어지는
비겁함을 보고도 침묵하는

오늘도 수많은 일들을 저질렀다

그래서…

도주한 나의 흔적을
목구멍 깊숙한 곳까지 후벼대며
꾸역꾸역 살아있는 거품을 토해낸다

알 수 없는 일

살짝 침만 묻혀도
그대로 뼈 속까지 잠식해 버리는
솜사탕 같은 언어의 그물에 걸려서
헛발질을 해대도 헤어나질 못한다
버둥거릴수록
내 목줄기는 거미줄에 매달린 날개처럼
가느다랗고 달콤한 질긴 인연에 목이 조인다

미련의 작은 부스러기가
실핏줄에 닥지닥지 달라붙어 피를 빨고
불거져 버린 살 껍데기조차
긴 혓바닥으로 싸악 핥아내는데도
무기력한 몸을 맡긴 채
식물인간같이 눈만 멀뚱거리고
끊기지 않는 숨을
후- 후- 후- 내쉬며
세상에서만 팔고 있는 욕망을 한 개 산다

새치

이방인의 침입이 달갑지 않다
아직도 윤기 도는 마음에
치명상을 입었다
새침하게 모르는 척하려 해도
거추장스러워진다
오래 매달린 꿈이 헛된 믿음으로
작은 충격을 준다

황폐함이 무질서를 핑계대며
어느 틈엔가 낯설지가 않다
코앞에 다가온 시간도 예측할 수 없는
마음에 찾아오는 변덕이다
표정 없는 손님에게
생의 주도권을 넘긴다

기억이 말살되는 건 시간문제다
무심을 假裝가장하며 사는 인간의 편안함이
부러워지는 순간이다

아! 이 아이러니를 어찌할까

빈집

이사 날을 받아놓고
수북하게 먼지 쌓인 세간들을
강력 세척제로 하나씩 하나씩 닦아 보지만
거칠해진 모습은 혓바늘이 돋아나 있고
입술은 메말라 바스락거린다
서로 부대끼느라 이가 빠지고 퍼렇게 멍이 든
핏기 가신 얼굴을 말끔히 씻어낸
세간들은 이유를 알 수 없이
조용히 불려 나와 모두 길거리에 나와 앉았다

'행복 익스프레스'가 도착되고
차례대로 올라가는 새로 단장한
세간들의 몸은 천근이나 되는 것 같다

몸속에 흐르던 精氣정기를 늘 빨아대던
220V 둥근 플러그가 다 빠지고 구멍이 숭숭 뚫린 자리에선
가느다란 휘파람 소리가 새나온다
수명이 다 된 삼파장 형광등도 푸드득 푸드득 몸부림친다

벽
- 절규

에드바르트 뭉크가 걸려 있는 벽 뒤에서 소리가 난다
벽 사이로 핏빛 노을이 새어나오고
뚝, 뚝 창백하게 멈춘 숨을 떨어뜨린다
탈색된 도시 언저리에 노을이 내려앉는다
점점 더 크게 울리는 시계의 초침소리
가슴에 큰 구덩이를 만들고 파고든다

비대한 구름 떼와 살을 섞는 시간
어금니 악물고 가까스로 헝클어진 소리를
묶어 두었다
비좁은 벽 틈에서 끌려져 나오는 조용한 비명
소파에 앉아 귀를 떼어 벽에 걸어둔다
귀는 벽 뒤의 두려움을 알아차린 듯하다
귀가 없는 세상은 가슴 바깥이 너덜거린다

세상이 온통 피바다다
날선 칼이 걸어나오는 노을을 서너 토막으로 자르고
한 칸 올려 진붉어진 구름 무게를 달아 본다

쩔그럭 소리를 내다 떨어진다
촉수 낮은 하늘이 서서히 밀려온다

벽 뒤에서 소리가 난다
벽 사이로 핏물이 흐른다
벽 틈으로 뭉크가 걸어나온다

마음의 攪亂교란

마음이 부추기는 바람에
창밖 먼 세상에 눈을 돌린다
저녁만큼 시든 태양의 어깨에 걸쳐진
햇빛은 자꾸만 야위어간다
이제야 알 것 같다. 이 막막함을

숨죽인 기억은 지상의 비밀을 숭배하고
스멀스멀 기어오르는 헛된 식욕은
주인의 곳간을 물어뜯는 생쥐에게
탐욕의 격정에 괴로워할 권리를 가르친다

흐르는 시간이 벌린 입으로 쾌락을 잉태한다
변심한 스킨다비스,
누런 떡잎 슬그머니 내려놓고도 태연하게 딴청을 부린다

덧날까 움츠려도 빨갛게 드러나는 속살을
열린 창으로 들어온 궁금증 하나가
허리를 곧추세우며 할퀴고 지나간다

목숨 하나 연명하려 사막에 양심을
내팽개친 가여운 육신은
무릎에 옹이가 박히도록
남몰래 엎드리고 또 엎드리고……

구곡폭포*

절정에 이르렀을 때
기꺼이 투신을 결정한다

하늘이 뚝뚝 떨어져
골목 어귀마다 흩어지는 마을

그늘이 찰랑찰랑 차오르고 나면
무성하게 잉잉 일어나는 동요

제 몸 상하는 줄도 모르고
바닥 모를 수심을 걱정한다

낭떠러지 끝에서의 절망이
하늘과 내통할 수 있는 건

자꾸만 제자리걸음하는
수만 년을 견딘 예정된 징표

약속된 투신이 그려 놓은 무늬들은
상한 절망을 밀어내는 격정의 사랑처럼
뒤척거린다

* 강원도 춘천시 남산면 강촌리에 위치

동굴 속은

가만히 귀를 기울여 들어 보세요
슬픔으로 둥글게 만들어진 동굴 속에선
땅 속 깊은 곳까지 해부하며
애끓는 신음소리를 냅니다
어느 날부턴가 둥근 구멍에서는
무료함을 은폐시키기 위한
들끓는 언어들이 동굴 속에 깊이
기생하며 단세포로 뿌리를 내립니다
늘어난 목젖으로 기둥을 세우고
세상의 갈랫길을 기웃기웃하지만
허기진 등뼈 밑의 통증은 마른기침만 토해댑니다
쿵쿵 울리는 기침소리에 천정에서 욕정이 떨어지고
늘 게걸스럽게 고이는 침을 한 번 꿀꺽 삼키고
다시 깊은 침묵의 감옥으로
활처럼 크게 기지개를 한 번 켜고는
둥근 돌로 구멍을 막아 버립니다

안개 길

절벽 좁은 틈에서 풀려 나와
제 몸을 쪼개며 짙어진다

바람이 흔들고 지나가는 세상
한 치 앞도 보이지 않는다

경계를 알 수 없는 끝을
묵묵히 통과하는 밝음과 어둠 사이,
햇살로 박히는 정오

고장난 봄날
깜박거리는 흔적을 새삼 풀어 놓는다
이젠 어둠 속에서도 들을 수 있다

꼭꼭 묶어둔 잔뼈들이 구르는 소리를
먼 길 떠돌다 여기에 멈춘 까닭을
다음 세상의 낯선 소리를

단화를 신는 여자

그 여자는 늘 단화를 신고 다닌다

혹시라도 부지런히 걷다가
시간을 접지를 수 있다고 여자는 생각한다
퉁퉁 부어 잠시 멈춘 아킬레스건
침을 맞아도 한동안 갇혀 있을 그것에
붙잡히고 싶지는 않다

어차피 조금 더 오래 살다 보면
무수한 시간을 자근자근 밟고
발자국을 남길 수밖에 없는 길의
끝이 투명하게 반사되는데…
그래서 언제나 두고두고 돌아볼 수 있는
공식화된 어제처럼 그것은 그 여자를 위협한다

잠시 틈 사이로 헤집고 나온
내장 깊숙한 곳의 예민한 망설임은
오늘도 여지없이 그 여자가 단화를 신는
이유를 만들곤 한다

제2부

해질 무렵 · Ⅲ/ 길/ 한강 이야기
한여름 밤/ 바다를 떠난 새우에게
거리에서/ 길 찾기/ 개미/ 묘지 · 1/ 묘지 · 2
노독/ 분수/ 매미의 하루/ 마른 나무
마네킹이 웃는다/ 부동산투기/ 진달래
탑골공원 뒷골목에는

해질 무렵 · III

소리들은 하염없는 길을 떠나고
동네 어귀는 붉게 차오르는 몸이 무거웠던지
저기 능선에 걸터앉는다

숲이 타들어가는 냄새는
가을 저녁
먹어도 배부르지 않은 과식을 허락한다

누가 말해 주지 않아도
마냥 기다릴 수 있는 무뎌진 시간은
허공에 침묵의 祭제를 시작한다

가만히 들려온다
이따금 햇살을 등에 지고
서툴게 배운 말이 다른 말을 부른다

울컥 쏟아지는 냉기 사이로
희미한 낮달이 가까스로 몸을 추스른다

길

길 위에서 무슨 일이 일어난 걸까
세상을 집어삼킬 듯한 태풍의 위력에
마을 어귀를 지키던
느티나무 뿌리 뽑힌 줄도 모르고
햇살 아래 누워 잎을 반짝이네

길 위에서 무슨 일이 일어난 걸까
마음의 물관을 타고 흐르던
뜨거운 피는 더 이상 움직이지 않고
두 눈을 감고 두 귀를 막은 석상 하나
그저 벌어진 입술로 거기 놓여있네

길 위에서 무슨 일이 일어난 걸까
가도 가도 막막한 그 길…
내 영혼이 다 부르트고 헤져도
어쩌지 못해 걸어갈 수밖에 없는 길
가는 길 막혀 어정쩡하게 서서 뒤를 보아도
뒤로는 차마 돌아갈 수 없는 길

길 위에 무슨 일이 일어난 걸까

한강 이야기

수많은 사연을 가슴에 담고 숨이 차다
가끔은 벌떡 일어나 앉아
하소연이라도 하고 싶다

잔기침에도 여전한 잔주름
동편 하늘이 밝아오면
영락없이 서편이 사위어드는 긴긴 시간을
용케도 견디는 곧은 정신이
물 흐르는 소리를 낭랑하게 한다

이끼와 물살이 찰랑대던 물결은
돌을 깎아 세워 놓고 주인 행세를 한다
날품팔이로 고된 육신 소주 한 병 물고
한강 위를 떠도는 갈매기,
오로지 인연 하나에 목숨 걸어
두 다리 하나로 묶고 떠다니는 원앙 한 쌍.
그들에게 세상의 많은 법칙을 숨기고
무수한 침묵을 쏟아내는 비밀 통로이다

안심하라!
곧 정적에 휩싸일 암흑의 건물들도,
뒤늦게 따라올 심상찮은 눅눅한 예감도,
우리를 향해 고개 돌리는 다리 난간 아래
휘황한 불빛이 입 벌려
우리가 꿈꾸는 유일한 희망을 숱하게 전하리라

한여름 밤

저녁을 떠나는 구름은
온몸으로 하늘을 밀며 간다
저 혼자의 길로 긴 무늬를 남기고
두근거리는 가슴은 흘긋
길이 될 수 없는 여름밤을 돌아본다

어둠은 새로운 시작을 알리며
마음을 가다듬은 별이 노랗게 점등될 때
꽃이 나풀나풀 길 가운데로 날아든다
한여름 밤의 객기는 푸르도록
살아있음이 절절하게 하늘에 박힌다

별의 발자국 사이를
헤집고
불쑥 솟아오른 달은 숱한 염문이
돋아나는 말문을 닫아걸고
선뜻
제 몸을 구겨 주름을 만들어

그 사이에 조각난 달빛을
뿌리고 있다

바다를 떠난 새우에게

왁자지껄
사람들 앞에 불려나와
주눅이 들어
숨 한 번 크게 못 쉬고
다만
두 눈만 껌벅이며
힘을 주어도 주어지지 않는
애꿎은 발만 버둥거려 보지만
하얀 제물대 위를 벗어날 수 없다

니코틴에 찌든 냄새를 풍기는
또 꽃분홍색 입술로
쉴 새 없이 소주잔을 기울이는
무서운 입들만
형광등 불빛에 크게 확대되어
작은 몸이 더 오그라들었다

잠시 후에

초고추장으로 피투성이가 될
바다를 떠난 새우야
그다지 서러워 말아라
나 또한
이 세상의 祭物제물로
오늘을 살아간단다

거리에서

지난밤 쏟아져 내린
폭우의 후유증인가

숨죽이고 있던
아스팔트에서는
밤새 입이 터지게 물고 있던
눅눅한 슬픔을
꾸역꾸역 뱉어낸다

철도 파업,
정교한 미끼를
낚싯바늘에 꿰어
서로의 가슴에 던진다

플랫폼의 여유 없는 분주함이
깊게 패인 도랑을 타고
식은땀을 흘려댄다

억눌렸던
소시민의 심장이
수런거리기 시작한다

탈진에 빠진 오후 4시
해답 없는 시장기가 느껴진다

길 찾기

어둠이 풀려 나와
옷을 벗기 전에
길을 찾아 나선다

전조등을 환히 밝히고
허겁지겁 비상등을 켠다
반원 안에 갇혀 버린 세상에
별 부스러기들이 추락한다

말라터진 입술에 균열이 생기고
냉큼 들어앉은 불길한 예감이
미궁에 빠진다

이미 방향 지시등도 작동하지 않는다
U턴을 해야 할까……
후진을 해야 할까……

열 길 물 속보다 깊은 곳!

개미

달궈진
양철 지붕 위를
맨발로 걷는 개미를 보았다

천근의 삶을 머리에 이고
가느다란 허리에 손을 짚고
고통스럽게 한 발 한 발 내딛는
일그러진 얼굴로
그늘 하나 없이
세상을 향해 쏘아대는
인정머리 없는 햇볕을
실눈을 뜨고 올려다보고는

수풀 우거진 혹성의
푸르름을 기대하면서
붉게 덴 흉터는 아물어간다

묘지 · 1

봄이 채 가기도 전에
밀어내듯 찾아온 황폐한 여름
서쪽에서 실신한 구름이 몰려와
청동색 눈물을 뿌려 놓고
소스라친 인류의 자존심은 젖은 손을
땅에 묻게 한다

無所不爲무소불위의 손을 높이 흔들고
홀연히 우주 위를 군림하며
대지 위의 별을 지칭하는 자본의 위력에
세상은 무덤처럼 입을 봉하고
냉가슴에는 검은 火印화인이 찍힌다

하늘과 땅이 열려 있는데도
소유가 불분명한 봄바람 아래서는
누구도 산을 오르려 하지 않는다
모두가 이 땅의 불청객마냥 서투른 입씨름만으로
차디찬 땅 속에 허기진 시간을 묻는다

묘지 · 2

어인 일인가
자꾸만 심장이 황폐하게 말라가는 건
온 천지가 사막 같구나
칼을 든 바람이 길을 막아서고
하늘의 구름은 눈이 멀어 비틀거리고
해는 사납게 두 눈을 부릅뜨고

그 흔하던 따뜻한 눈빛 하나 보이지 않는구나
아, 아, 도망쳐라 삶의 무서운 얼굴들아
시간은 오직 뒷짐만 지고 있구나

路毒노독

길
도
모
르
고
길
을
나
섰
다……

분수
- 촛불집회를 보며

누가 깊은 땅속
그 허리에 칼을 댔나 보다
숨죽였던 작은 분노가 격렬하게
발작하며 하늘에 주먹질을 해댄다

작은 물방울들이 벌컥 성이 났다

의기양양해서 춤추며 소동하는
고장난 화살나무를 보며
시청 앞 광장 성난 분수가
불끈불끈 주먹질을 한다
작은 물방울이 세상을 뒤덮었다

물이 튄다.
피가 튄다.
한숨이 튄다.

매미의 하루

종로 네거리 횡단보도 옆,
누더기진 시간을 집어 삼켜서인가―
뼈마디마다 관절이 울퉁불퉁 불거진 나무 귀퉁이에
붙어 있는 매미 한 마리가 껌을 팔고 있다
살아남기 위해 참아낸 긴 시간을 보상 받으려는 듯
목이 쉬게 울어댈 뿐,
입 밖으로는 한 마디 말도 내뱉지 못한다
비틀어진 손가락에 힘겹게 매달린 목숨
수많은 행인이 지나치는데 누구의 눈에도 띄지 않는다

어둡고 습기 찬 지하실 단칸방에서 기나긴 시간 비상을 꿈꾸며
서툰 걸음으로 탈피하며 다짐한다, 오늘은…
도덕과 자비를 잃어버린 눈 먼 자본주의…
누구도 보상해 주지 않으려 한다
어느 누구도 매미의 존재조차 알지 못한다
얼마 남지 않은 생을 마감하려는
매미의 안간힘도 결코 행인의 긍휼을 기대하지는 못한다
바구니 가득 남은 포장된 껌에서 한숨소리가 배어난다

백내장으로 하얀 백태가 낀 매미의 두 눈은
화창한 햇살 아래에서도 눈이 부신 줄 모른다

휘황찬란한 네온사인 하나둘 켜지는 밤, 을
제일 무서워하는 매미의 나른한 몸은 더욱더 나무에 의태되어
큰소리로 울고 싶어도 울 수 없는 버버리 매미

비비비비비…… 비비비비…… 비비비…… 비……

울지도 못하는 껌 파는 노파의 하루가 지난다.

마른 나무
―求職者구직자의 노래

북서풍이 지나가는 길목에 서서
소스라친 기억을 물고 있는 나무 하나

건조한 목구멍 사이에 걸린
초승달을 뱉어내려
굉음처럼 따가운 햇살 아래 서 있다

한결 부러진 나뭇가지의 비명은
옹이처럼 박혀 있고
고독의 흔적이 형틀에 묶여 있다
무책임한 탄식들이 마른 나무에서
뚝— 뚝
분질러져 나와 뒹군다

가뭄든 숲 속에서 걸어 나온 후로는
가지 잘린 낯선 풍경에도 사색이 된다

구름이 길을 터주지 않으면

한 때의 헛된 집착
싱싱한 가지로 솟아날 수 없다는 걸 알면서
비틀거리는 生생 하나가
대답 없는 것들이 메운 거리에 서서
밑둥에서 흘러나오는 독백을 기록하며
소리를 낸다
딸꾹, 딸꾹

마네킹이 웃는다

용산역을 등 뒤에 두고 서면
밧데리 닭장이 연상되며 웃음을 파는
옷가게들이 나란하게 줄 서 있다
그 곳엔 옷을 팔기 위해 인디안 핑크빛 조명을 밝히고
세상이 재미없어진 행인을 유혹한다
수줍은 듯 볼연지가 발그레한 마네킹은 갖가지
몸짓으로 시선을 끌고 있다

입 안 가득 물고 있던 술 취한 나비들이 풀풀 날아간다

찬 서리 맞은 나뭇잎 색깔로 머리색이 바뀌고
지푸라기 퍼머를 한 마네킹은
옅은 주홍빛 인조 실크 치마 속에
보일 듯 말 듯한 비밀을 감추고,
마치 까마귀 깃털을 뒤집어쓰고 있는 것 같은
머리색을 한 마네킹은
배꼽 티에 핫팬츠를 입고 半裸반나의 쭉 뻗은 몸을 내보인다
아,

마네킹이 울고 있다 울고 있다 아니 웃고 있다…
세상은 어둠 속에 잠수해 버리고 숨소리조차 멎었는데
재각재각 거꾸로 가는 시계 바늘은
더 크게 숨 몰아쉬며 멈출 줄도 모른다

부동산투기

일주일에 한 번 열리는
아파트 장터에
이른 아침부터 짐을 부리는
장돌뱅이의 손은 재빠르다

구석에 놓인 스티로폼 박스 하나
한창 물 좋은 게들은 압사 직전
숨이 턱까지 차오른다

맨 밑바닥에서 몸 하나 운신할 곳 없어
게거품을 문 부부
다리 하나 살며시 내놓고
눈치를 살핀다
다음은 슬쩍 몸을 세워 보고는
눈알을 굴린다

에라!
다른 세상에 발을 디뎌 보자

여기까지도 왔는데
숨통 트인 게 두 마리
자기들끼리 낄낄대며
낯선 아스팔트 위를 기어나온다

아서라!
세상이 먼저 낄낄댄다
그리 만만치 않은 세상
밟힐까 두렵다

진달래

햇살이 고인 곳에
그들의 자리다툼이 한창이다
산 중턱 쯤
요염하게 간들거리는
허리부분이 그들의 타겟이다

피와 살이 피둥피둥한
그들이 뿜어내는 암내가 진동을 한다
눈매 그윽한 수리산*의 목구멍은
이따금씩 딸꾹질을 부려 놓는다

겨울을 건너온 길목에서
삭정이 부러지는 소리를 낼 때
아―, 벌린 입으로
여전히 햇살을 유혹하고 있다

모든 빛을 끌어 모아
잎도 꺼내기도 전에 불을 지르려나 보다

눈부신 햇살 아래서 그들에게 충고한다

욕심이 과하면 禍화*, 火화* 譁화*……

……를 부르렸다

      *수리산 : 경기도 안양시와 군포시의 경계에 있는 산
      *譁 : 시끄러울화
      *禍 : 근심화
      *火 : 불화

탑골공원 뒷골목에는

탑골공원 뒷골목에
나뒹구는 종량제 쓰레기봉투에
가을하늘 10리터가 갇혀 있다

목덜미가 핼쑥한
비루먹은 비둘기 하늘을 쪼아대며
한 걸음도 내딛지 못한다

이미 고목이 된 은행나무
옆구리에 삐죽 내민 돌 부스러기가
비둘기와 눈을 맞춘다

비둘기 정수리에 뜨거운
햇살, 봉긋하게 세워지고
지은 죄 얼마큼인지 화들짝 놀라
뱃속을 채우기 전에
달아나지 않고는 견딜 수 없어
종지만한 하늘에 콕, 콕 입질만 한다

제3부

아버지의 부재 · I/ 아버지의 부재 · II
아버지/ 빚쟁이/ 이것이 이별이래
숟가락 떠 넣는 소리/ 기도/ 모자/ 비야, 길을 열어라
빗소리 · I/ 빗소리 · I/ 태양 알레르기
하늘을 한 장 넘겨 보면/ 기원
달콤한 게으름/ 오늘 같은 날은
장마/ 가뭄

아버지의 不在부재 · I
− 병상을 지키며

산이 사라졌다

산 한가운데 못이 박히더니
혈액공급이 중단되었다
天地천지의 운행이 원활하지 못하다

대재앙으로 산언저리에
고단한 낮달은 힘없이 걸려 있고
지친 별은 빛을 끌어 모아 주변을 서성인다

비상사태다……
응급조치로 목구멍에서 분질러진
空氣공기를 토해낸다

심장에 '골다공증' 증상이 온다
숭숭 구멍난 심장 사이에
단단히 묶어둔 父情부정이 이따금씩 驚氣경기를 한다

공포를 감춘 희망으로,
놀라운 확신의 즙액으로
내 생의 주도권을 움켜진 손을 펴소서!

아버지의 不在부재 · II
- 병상을 지키며

오래된 나무 한 그루……
토닥토닥 쌓인 父情부정이 밑둥을
간신히 붙들고 있어도
거추장스런 육체는 자꾸만
무책임한 용기로만 유일하게 남는다

오랫동안 뿌리를 지탱해 온
견고한 대지의 힘으로 여전히
무성한 잎을 찰랑찰랑 피우려 하지만
뿌리가 뽑힌 줄 몰라서인지
한 움큼의 흙을 움켜쥐고 있다

둥글게 무릎을 세운 가지들
혈액 공급이 중단됨으로
차디찬 손바닥의 모든 움직임이
홀연히 정지되어 평형감각을 잃는다

안심하여라!

감각을 잃은 모든 습관이여!
히스기야*의 통곡이 상달된 것처럼
태연한 父情부정은 깃털처럼 일어나리라

* 기도로 생명을 15년 연장시킨 이스라엘 왕 : 열왕기하 20:1~6

아버지

가시 돋은 세상에
꽃씨를 뿌려 놓고
坐不安席좌불안석이시다

간신히 피워낸 꽃송이
질척거리는 땅 위에
떨어질까 勞心焦思노심초사이시다

바같은 아직 어둡고
황폐한 바람이 첩첩이 포개져 있어
왕성한 시간들을 헐값에 지불하신다

사위어가는 달빛처럼
老眼노안의 침침한 보안등처럼
오십여 년을 골목 어귀마다
다리 저리신 줄도 모르시고
여전히 서 계셨던 내 아버지

祈願기원
- 쑥뜸을 하다

꾸들꾸들 말라가는
손바닥에서 세월을 읽는다
獻허*, 하고 虛無허무하다
손가락 마디마다 싹을 틔워
無病長壽무병장수의 祭제를 올린다
꽃을 피워내는 향기는
하늘까지 전해지고,
손가락 사이사이로 흐르는
연기 같은 세월을 붙잡는다

*獻 : 두려워하다

이것이 이별이래

햇살 좋은 아침나절
파르스름한 눈꺼풀 커튼을 치고
다시 깊은 잠을 청하고 싶은 거래

천만 근 밥숟갈이 무거워
동작 멈춘 팔에 태엽도 감아 보지만
여전히 입 안에선 낯선 모래 바람이 부는 거래

길을 걷다가도 텅 빈 심장에 물이 차오르고
갈비뼈에 철썩 부딪히는 파도소리가
시야를 가리고 햇살을 막아서는 거래

조용한 불안을 耽溺탐닉하며
자꾸만 비대해져 가는 심장을
혈관이 불거지도록 쓰다듬는 거래

그리고는
해독이 불가능해진 기억 속의 언어들을

뚝 뚝 분질러 무방비 상태인 머릿속에
퍼즐 맞추기 게임을 시작하는 거래

숟가락 떠 넣는 소리

달그락 달그락

숟가락 부딪치는 소리로
내 집의 창이 열리고
사다리를 타고 올라앉은
구름 위에서 침묵을 배우고
싸움의 기술이 익어간다

내 살 점 하나를
뚝 떼어 만들어 놓은
이쁘디 이쁜 내 새끼
골리앗 닮은 거대한 세상을
짊어질 양으로
쉴 새 없이
숟가락 떠 넣는 소리를 낸다

오늘도 밤꽃이
하얗게 보일 때까지

닳아 날선 칼날이 된
숟가락으로
새벽을 떠 넣는 소리가
내 몸을 훑고 지나
머물 수 없는 시간 속에서
쟁쟁하게 울린다

기도

베란다
한가운데
두 팔 벌리고 서서
천진한 햇살 가득 담은 얼굴로
너울거리는 조그만 셔츠
하얀 이가 배시시 웃는다

눈이 부시다
어디서 본 듯하다

후— 큰 숨소리가
간절한 기도를 밀어 올린다

위태한 세상에서 뿌리내리려고
들풀 하나 놓아주지 않는 바람을 향해
열망을 매달고 펄럭이는
커다란 깃발을 들고 뛴다
심장의 박동소리는

꿈을 향해 둥, 둥, 둥……

한낮의 햇볕에 포슬포슬 잘 말려진
아들의 커다래진 셔츠
옷깃 잡고, 소매 접으며
햇살 한 겹 사이사이에 끼워
곱게 접어서 가슴에 담는다

母子모자

모자가 하늘을 날다가
구름 한 곁에 앉아 꿈을 꾼다
모자 안에 풍성한 말을 넣어두고
조금씩 아주 조금씩 풀어 놓는다
다시 부메랑이 되어 돌아와선
혼자서도 두근거리는 걱정을 쏟아 놓는다

때로는,
벽에 박아둔 못에 걸어두고 한동안
먼지가 뽀얗게 쌓이기를 기다리기도 한다
이쯤이면 눈 뜬 공포가 버거워
무르익어가는 잔혹한 틈새로
길이 되지 못하는 침묵에 둥지를 튼다

모자는 팽팽하게 당겨지는 고무줄에
운명을 걸고 익숙한 한숨에 감염된다
잘못 든 길들이 서툴게 싸움을 하듯
결코 손에 잡히지 않는 구름에 말을 건다

시간이 손을 뻗기 전에 닻을 올리고
한 마리 새가 푸드득 날아올라
구름 위에 둥지를 튼다

빚쟁이
― 母情모정

19년을 두고
갚아도 아직 못 갚았다

이자에 이자가 복리로 붙어서
나는 기꺼이 볼모를 자청한다

가슴 한 켠에
기미가 까맣게 내려앉아도
분칠한 얼굴 위엔
기꺼운 웃음이 노닥댄다

이렇게 살다 보면
가느다란 숨 줄기가
나를 붙잡고 있을 때까지
요란한 빚청산은 계속될 것이다

아마도 딴 세상에서는
내가 또 다른 빚쟁이였나 보다

빗소리 · I

여름이 건너가는 밤,
장대비 내려앉는 소리에
붉은 꽃이 후들 떨고 있네
물줄기는 양보 없이 앞을 다투며
불안한 천둥의 총성을 듣네

사각— 사각—
끝없이 밤을 베어 먹고
비밀스런 奉養봉양을 하고 나니
빗줄기를 내려친 자리마다
꽃잎이 퍼렇게 환생했다

빗소리 · II

바람이 우는 소리인가

검은 살 찢고 내린 폭우가
허공에 손을 대다 닿은 곳,
비좁은 창틈에 끼어
입술만 달싹인다

유리창에 젖은 등을 기대어
몸 씻어 내리더니 웅크리고 앉아
한쪽
모서리 부서진 이야기를 쏟아 놓는다
아무리 퍼내도 줄어들지 않는
소리들로 하염없이 붐비는 고요

小宇宙소우주에 갇혔다

비가 울고 있나 보다

달콤한 게으름

공중에 가득 펼쳐진
엉성하게 짜여진 그물에
푸른 물고기 한 마리 퍼덕거린다

그 그물은 녹스는 법이 없어
바람이 만지고 지나가도
날실 씨실로 시간을 섞어 짜며
구름에 물결을 묶어 놓고
물고기 날아오른다

그물이 휘어지게 담겨진
생의 무지한 조급함을
소르르 공중에 털어낸다
낮게 날던 비늘이 허공보다 가볍다

태양 알레르기

하늘에 적의를 품은 구름이
비바람의 방향을 돌려놓듯이
스스로 힘겨루기에 지친 여자는
태양 빛을 빙자하여
어리석은 기록을 내다 팔 생각을 한다
그것은 알레르기란 이름을 꿰차고
피부를 뚫고 나온다

발갛게 꽃으로 환생한다
길가의 꽃들보다 더 붉게 타오른다
물어뜯어도 시원찮은 가려운 세상
햇빛이 몸을 찢고
생수를 벌컥 들이켜야 가려움증은
대화로 설득력 있는 고백을 할 것 같다

귓속을 꼬물꼬물 간질이는
새싹은 예전만 못한 목청을 돋우며
접혔던 꽃술을 펴는 작업을 하지만

목까지 출렁대는 심장은 이마 위에 올라앉아
찬물로 헹구어낸 눈으로 가장 낮은 소리의
실로폰을 두드리고 있다

하늘을 한 장 넘겨 보면

하늘을 한 장 넘겨 보면
다음 페이지가 젖어 있습니다

며칠 전 밤하늘의 별을 세다
별의 쏟아져 내리는 눈물을 보았습니다
작은 손으로 차마 가릴 수 없어서
하늘을 두세 장 넘겨 버렸습니다
그것이 끝인 줄 알았습니다

어제는 하루를 주섬주섬 담다가
얼핏 핏발 선 노을의 눈을 보았습니다
돌아서도 사방에 눈 둘 곳이 없어
하늘의 한 페이지를 찢어 책갈피에 꽂아두었습니다
그러면 될 줄 알았습니다

오늘 새벽 저 멀리 어둠을 불러들이는 것은
또 다른 기다림을 내보내기 위함인 것을 알았습니다
지상을 떠돌 심상찮은 이방의 하늘은

내가 하늘 한 장을 훔치는 까닭이 되었습니다
그렇게 매일, 같은 하늘을 읽어갑니다

하늘은 다음 페이지를 넘기면
늘 그 다음 장이 젖어 있습니다

비야, 길을 열어라
－2011년 여름 우면산 산사태

중복을 앞두고도
더운 공기 덩어리조차
빗줄기에 호되게 얻어맞고
온몸이 <u>으스스</u>해진다

뼈처럼 단단하게 굳었던
산들이 흐물흐물거리며
턱까지 차오른 물줄기를 누르다
결국, 목구멍 콧구멍으로
꾸역꾸역 뱉어낸다

세상이 뒤죽박죽
어설픈 객기도 통하지 않는다
약속 어긴 변덕스런 날씨에
성깔을 부린들 뭐하랴

더 이상 의지가 굳어지면
빗속에서도 땀을 흘리고

뼈가 서로 부딪치는 굉음이
경적소리처럼 통곡을 한단다

비야,
여름은 그대로 둔 채
이제 그만 길을 열어라

오늘 같은 날은

서울 경기지방
호우경보가 발령됐다

목이 긴 우산을 준비하고
바지가랑이를 타고 오르지 못하게
무릎을 덮는 장화로 완전 무장을 한다

오늘 같은 날은
바람은 잠시 그쳤으면
좋으련만
먹구름은 이리저리
등 떠밀리고
하늘이 소란스럽다

오늘 하루가
참으로 버거워
마른기침으로 흔들리는 마음을
한숨 속에 털어내고

헝클어진 머리카락을
곱게 빗질해 본다

그리고 잠시 후
한 겹의 모퉁이를 돌아서서
싸리비로 깨끗하게 쓸어 놓은
하늘을 마중 나가야겠다

장마

일 년에 한 번쯤은
그렇게 크게 소리도 지르고
펑펑 울어 보는 것도 괜찮을 성싶다

일 년에 한 번쯤은
거들먹거리며 浮游부유하는 욕망을
빗줄기로 꿰매어 잠시 접어둠 직도 하다

며칠을 요란하게 이 산 저 산을 뛰어다니며
부스스 메마른 가슴에 물벼락도 주고
점점 식어가는 심장을 천둥 번개로 마사지하고
정교하게 평면으로 인쇄되어진 세상,
흙탕물로 범벅을 만들어 보기도 한다

일 년에 한 번쯤은
하늘을 떠받치고 있는 기둥을
슬그머니 뿌리째 흔들고 싶을 때가 있다

가뭄

계곡의 물줄기는 야위어가고
나무들은 스스로 피를 말리고
저수지 밑바닥 창자가 드러난다

하얀 늑골만 남은 논을 보며
사내들은 絶望절망에 중독되고
아낙들의 불안이 날을 새운다

시들어가는 세상
동맥의 박동이 거세진
한숨소리가
천둥소리로 하늘을 가르기를
엘리야*가 그랬던 것처럼
하늘 향해 두 손을 올려보자

* 엘리야 : 삼년 육 개월 동안 비가 내리지 않게 기도했으며, 다시 기도
해서 비를 내리게 한 선지자(야고보서 5:17~18)

제4부

나무 하나/ 나무·I/ 나무·II
낙엽/ 그대에게·I/ 그대에게·II
너에게 가는 길/ 담쟁이/ 커피/ 침묵
코 고는 히말라야/ 눈을 감는다
모래사내/ 이천 구년 봄
이천 십년 봄/ 봄, 이창
달 이야기/ 눈 오는 날

나무 하나

내 집 뒷마당에
기척 없이 나무 하나 서 있네

투명한 햇살에 속살 드러내며
잎보다는 꽃을 먼저 피우는 나무가 있었네

창백한 잎에 표정이 들락거리고
씨방 닫아 건 완고한 나무에 열매 매다는 나무가 있었네

하늘과 한통속이 되어 남서풍을 일으키고
구름까지도 잡아둘 수 있는 나무가 있었네

세상의 온기를 낯선 가슴 속에 채우고
홑겹 날개 뼈 사이에 뿌리 내린 나무 하나 있었네

햇빛이 밟고 지나가는 마당 한가운데
지금도,
금빛 부드러운 나무 하나 서 있네

나무 · I

마룻바닥에 뿌리내리지 못한
나무 한 그루가 비틀거린다

허름한 옷 아무렇게나 걸치고
마음 속 헛된 욕망 떼어내려고
외다리로 두 손 높이 치켜들고서 눈을 감는다

가까스로 비추는 햇살에 온몸을 맡기고
입으로 터지는 신음소리는
허공으로 퍼져 나간다

아무도 쓰러져 가는 나무를 거두지 않는다는 것을
부실한 잡목은 이미 알고 있는 듯
부러진 나뭇가지 추켜올리며
눈멀고 귀먼 세상에
뿌리박으려고 여전한 나무자세*로
비틀비틀 중심을 잡는다

* 나무자세 : 요가자세 중 하나

나무·II
– 우포늪에서

오랜 세월 문이 열리지 않아
허리까지 차오른 습기는 좀처럼 사슬을
풀어주지 않는다

습지에 뿌리내린 죄 값은
낯익은 노랫소리에도 헛배만 부르고
서쪽으로 걸음 재촉하는 해거름 보며
가지에 燈등 하나 걸어둔다

퉁퉁 불어터진 발로는 이제
길을 알고도 갈 수가 없다

일 년에 한 번 찾아온 저어새,
구름 위에 감춰둔 기억 하나 물고 와
꽁꽁 얼어붙어 미동도
안 하는 마음에 입질을 한다

자정을 넘겨 버린 기억은

그 때야 비틀거리며 깨어나
곰곰이 번지며 어둠을 빨아들이는
바람소리와 습지의 낮은 체온만 기억해 낸다

낙엽

한때는
연둣빛 잎에 눈이 부셔
새끼손가락에 실가락지 끼고
콩깍지가 눈을 멀게 하더니
짙푸른 이파리가 무성해서
피돌음으로 온몸은 홍조를 띠고
절정에 이르러서야 비로소
이별을 예감한다

대롱거리며 매달렸던
안타까운 의지의 부질없음이여
죽어가는 것들을 눈감지 못하게 하고
끝내 놓아주지 않던 손은 변명한다

바람결은 여전히 지난 시간을 빛나게 한다

무엇으로 다시 태어날까
아! 이 땅의 기둥에 묶어둔
나의 사랑이여

그대에게 · I

들리세요

마른 흙을 일으켜 세우는
빗방울 소리가

반쯤 걸린 햇살에
꽃그늘이 붉게 타는 소리가

별들이 파드득 날개 터는
그 황홀한 소음이……

그대에게 · II

그대여

달빛을 베어 문 바람이
유리창 넘어 들어와
파르르 떨리는
달빛 한 움큼 풀어 놓습니다

그리고 오늘은
누구도 눈치 채지 못한 파편이 날아와
살아 있음을 기억해 내게 하고
등 돌린 어둠을 밝히는
노오란 달그림자에
데워진 그대의 마음,
반쯤 드러난 목덜미에
스치는 바람소리를 내고 있습니다

낮에는 어디에도 情정둘 곳 없어
다른 곳을 바라보던 어긋나던 시선

아! 그대여
바람도 몰래 빠져 나가는 좁은 길
좁고 눈부신 밤길을
날개 단 풀꽃처럼 너풀너풀
웃고 있는 그대여

너에게 가는 길
- 단 하루인 오늘과 전혀 다른 내일을 산다

어둠이 내리면서 문이 닫혔어요
그 문은 아무리 두드려도 다시는 열리지 않아요

세상을 한 바퀴 돌고 돌아와도 늘 제자리인 것은
하루 안에는 도저히 닿을 수 없는 길이기 때문이에요

다시 내일이 시작되어도 어차피 찾을 수 없는
너에게로 가는 길에 노란 민들레가 피어있어요

그렇게 너를 찾아가는 길을
길눈 어두운 나는 물어물어 가까스로 찾아가요

길 어귀마다 하얀 리본을 하나씩 달아놓고
다음 날 그곳에서부터 너에게 가는 길을 묻곤 해요

그렇게 해도 항상 낯선 그 길은
일찍이 어둠을 불러들여 문을 내릴 준비에 분주해요

오늘도 어둠이 내리면서 문이 닫혔어요
하루 밖에 안 되는 유통기한은 불변하대나 봐요

숨을 울컥울컥 넘기면서 걸어도 다시 시작해야 하는 길
너에게 가는 길은 늘 다리가 저려요

담쟁이

오랜 그리움이 담을 타게 한다

뿌리는 이곳에 두고
서둘러 천국으로 떠나고 싶은
속셈이
지천에 널브러져 있다

다만
떨어지지 않으려는 안간힘만은
손톱 밑 핏방울로 배어나고
군데군데 혈흔을 남기더니
어느새, 담벼락에
온통 붉은 물이 든다

그리워해서 살아 있으리라
입다문 숱한 격정의 침묵이
어느 위치에선가
등을 축축이 적시며 용감하게

기어오른다
턱, 턱 짧은 숨이 가쁘다

담 너머를 그리워한 죄
나뭇가지에 걸터앉은
달이 히죽거리며
공동정범을 자처한다

누구든 그리움을 아는 자
기어이 살아 있으라… 살아 있으라

커피

못 생긴 애인이다.

이쁜 구석 하나 없는데도
눈멀고 귀먹어 그를 떠나 살 수 없다
아침에 눈을 뜨면 제일 먼저 따뜻한 체온을 느끼고
어느덧 그의 향내는 내 몸을 열고 들어온다

좀처럼 정체를 드러내지 않고도
내 몸속에 풀어 놓은 상사병은 가슴 한복판에
마블링*처럼 선명하게 자리잡는다

죽음도 갈라놓을 수 없는
그와 나의 운명은
마지막으로 베풀어진 이생에서의 도타운 毒독

실눈을 뜨고 봐도
가슴 벅찬 숨결로 눈 맞추는 그는
여전히 못 생긴,

내 영원한 애인이다

*마블링 : 유성물감이나 페인트를 물에 떨어뜨리면 섞이지 않고 물 위로 뜨는 원리를 이용, 이것을 막대기로 저으면 자연스런 모양이 생겨난다. 그 위에 흡수성이 좋은 종이로 물 위를 덮어 연출된 물감을 찍어내는 기법.

침묵

내 마음 안의 흉터를
반 쯤 뜬 눈으로
침묵을 안에 가둔 자의 눈으로
저녁의 남은 빛을 피워 올리는 눈으로
연민을 매단 까마귀 알처럼
스스로 독이 되는 운명을 타이르며
바라보는 그대
그대의 눈에 내려진 사닥다리를
타고 내려서는 난
이 세상을 벗어난 그림자
시간의 벌어진 틈으로 구르는 뼈
제국 안에 갇혀 버린 이끼낀 푸른 방
아! 소름 돋는 세상이
꿈틀
지느러미를 흔든다

코고는 히말라야

드르렁 드르렁…

세상에서 쌓인
말 못한 사연이 저렇게 많은 걸까
훼방할 만한 일은 아닌 것 같다
저토록 간절한 시지푸스의 神話신화를

가끔은 분노하며 또 가끔은 초연하게
그 긴 哲學철학은 멈출 줄 모른다

차라리 내 하얀 밤을
모두 上納상납하리라
푸른 새벽 새우처럼 등이 굽은 나를
아랑곳하지 않고 깃발처럼 기지개를 켠다

또 다른 아침을 넓은 가슴에 들여 놓을 그는
오늘은 얼마나 많은 사연을
꿰어 달고 들어올까

눈을 감는다

두 개의 얼굴을 갖고 있다
거울을 통해서 볼 수 있는 얼굴과
세숫물 안에서만 볼 수 있는 얼굴
그것은 참으로 묘하다
거울 속의 것은 내 것 같기도 한데
물에 비치는 것은 한 움큼씩 퍼낼 때마다
시도 때도 없이 변하니 도무지 정이 안 간다
그래도 그것이 정직한 나인 양
속도 없이 저를 드러내며 부끄러운지도 모른다

세수를 하며 으레 눈을 감는다
세상을 잉태한 욕심이 볼때기에 가득해서
자꾸만 일그러지는 나를 외면할 수 없어서
오래된 습관처럼 자리 잡은 흔적들
두 뼘 밖에 안 되는 둥그런 원 안에 갇힌 나
그래서 쉬지 않고 물을 퍼 올린다

아니

더 좋은 핑계는
비누 거품이 눈에 들어갈까 봐

모래사내

이집트의 모래사내를 아십니까?

아주아주 옛날 고왕국 이집트에 얼굴이 추하게 생겼다는
이유 하나로 임금님께 버림받고 정글로 추방당한 왕자 이야기―
늑대도 아닌, 원숭이도 아닌, 사람도 아닌, 그 무엇도 아닌―

손에 닿는 것은 모조리 모래로 만드는 사내―
산들바람도 모래 먼지가 되고―
개울물은 흐르는 모래가 되고―
초원은 황량한 사막이 되고―

모래사내 이야기는 요즘, 바닷가에도 있지요
여자는 코에 생기를 불어 넣어 바닷가 한복판에 사내를 만듭니다
손에 닿는 것은 모조리 모래로 만드는 사내―
펄떡거리는 심장을 사들여 차가운 피가 흐르게 하고―
소통이 끊어진 농아의 손짓만으로도 허공에 금빛 모래를 내리고―
꾸역꾸역 부풀어 오르는 姦간*덩이를 공중분해시키고―
눈동자 가득 고인 죄를 울어 버리게 하는―

모래사내는 저벅저벅 밀물과 썰물을 넘나들며
해 아래도 구름 아래도 쉬지 않고 걸어 다닙니다

*모래사내 : 무라카미 하루키 단편 〈캥거루 통신〉 중
*성경 창세기
*姦 : 간사할 간

이천구 년 봄

오픈 폭탄 세일—

뼈 우거지 해장국을 끓이겠다고
만국기까지 내걸고 미친 듯이 휘청휘청
허리와 목을 휘둘러대던 남자.

정력도 좋습니다, 그려—

오늘은 그 자리에서
미스터 피자를 굽겠다고
또 한 번 아우성이다
별천지로 가는 오색 풍선 터널을 만들고
아찔하게 배꼽을 드러낸 아가씨와
키득키득 이리 비틀 저리 비틀
속도 없이 춤을 춘다

어제는 한 번도 먹어 보지 못한 뼈 해장국을 위해
오늘은 코만 벌름거리며 미스터 피자를 위해

이천구 년 봄,
길 옆 목련은 눈치도 없이
먼저 꽃봉오리를 터트리고
속에서 바람 타는 냄새에
서서히 공기가 빠지는 줄도 모르고
무작정 춤을 쳐대는 간 큰 남자가 있다

이천십 년 봄

꽃도 피우지 못하는 봄날
피죽도 못 먹어 혈관이 드러난
가지 위에 싸락눈이 아찔하게 올라앉아
하얗게 꽃을 피우는구나
잃어버린 계절은 속수무책
꽃도 씨방을 닫아 건다

언제부턴가 피가 돌지 않는 봄

가슴이 쪼개지고
입술이 터지는 울부짖음 속에
잔잔하던 하늘도 얼어붙어 미동을 안한다
하얀 제복의 젊은 영웅들의 피는
노랗게 야위어가는 조국에 수혈을 하고
검푸른 파도 위에 꽃을 피우는구나
갈매기만이 알고 있는 비밀
일그러진 봄날이 속절없이 간다

봄과 여름의 경계를 아슬아슬하게 걷고 있는 날들

봄, 裏窓이창*

수은등 불빛에 몸을 드러낸
벚꽃은 하늘도 가리고
갓 튀겨낸 팝콘 냄새로 행인을 眩惑현혹한다
봄의 페스티벌 —
그의 오만한 얼굴의 교태에
모두가 눈이 멀었다

그러나
봄, 또 다른 하나…
햇살조차 마른 도끼날에 찍혀 나가
미처 잎도 꺼내지 못하고
잔바람에 바튼 숨만 고르는
경쟁에 밀린 遲進兒지진아로

머리 꼭대기에 들어앉힐 빈
까치둥지를 두 손 높이 떠받들고
움푹 패인 길옆에 기대서서
검게 그을린 얼굴로
矛盾모순의 세력에 까무룩해진다

* 裏窓 : 창을 통해 속 내부를 들여다본다.

달 이야기

슬픈 얼굴로
세상을 물끄러미
내려다보며
거뭇거뭇 멍든 자국
드러낸다

만삭으로 둥실둥실
부풀어 오른 젖무덤 같은
사랑을 꿈꾸며
기울어진 몸을
채우려고 오늘도
몸 추스르며 다른 생으로
환생을 꿈꾼다

만개한 8월의 함박꽃보다
더 환한 웃음으로
조금 더 이곳에서
머무르려는

안타까운 흔적
동그란 이번 생을 절정으로
이 순간을
감히 낙원이라
이름지어 불러 본다

눈 오는 날

억, 억 하는 외제차 위에도
살 부러진 우산 위에도
가차 없이 눈이 쌓인다
세상은 뿌옇게 살이 오르고
근심이 꼬리를 매단 채
엉금엉금 눈치를 보며 허우적거린다

가면무도회가
시작되고
모차르트의 왈츠가
가슴을 울렁이게 하면
모두 빙글빙글 춤을 춘다

오늘은 잘난 놈,
못난 놈도 없고
생의 格격을 모두 회수 당하는 날
풀먹인 호청이
하늘 아래를 덮어 버린 세상
이 얼마나 살맛나는 세상인가!

작품해설

유클리드 기하학의 탈 구축

金 相 一
(문학비평가)

한 자치정부에서 경영하는 문예창작교실에서 10여 년 출강한 적이 있다. 교재는 데리다, 들뢰즈 등 세칭 포스트 구조주의적 문학이론을 비롯한 야콥슨, 레이콥 등의 은유법 텍스트와 소월, 미당, 목월 등 우리 고전 및 신춘문예 당선 작품, 카프카 소설 따위를 가지고 한 주에 3시간 강의했지만 그 수준은 대학원 박사과정을 능가한 것이었다고 광고해도 부끄럽지 않다. 그 사이 3백여 명이 중도에 탈락하고 개강부터 종강까지 마지막 8명이 남아 미간에 주름을 그리며 시간을 죽이고 있었는데 신민수 시인도 그들 중 한 사람이다. 이들은 수강 중 두 번씩 합동시집을 낸 적이 있었지만 신 시인만 이번에 단독시집을 상재한다고 한다.

아래 인용은 미국 예일대학 발 포스트모더니즘에 불을 지핀 데리다의 유명한 〈인문학 언어표현 속의 구조와 기호와 놀이〉의 부분이다. '중심은 중심에 따라 시작되고 가능해지는 그 놀이를 가둔다. 그것은 각가지 내용 요소 관계의 대체가 이미 불가능한 점이다'(〈글쓰기와 차이〉, 쉐이으, 409쪽). 이 기회에 들뢰즈 가타리의 거의 같은 말도 하나 덧붙여두겠다. '인간은 토막 내는 동물이다. 우리들 인간을 구성하는 모든 지층을 포함한다. 집과 도로, 노동과 놀이 등 경험의 세계와 공간에, 또 사회적으로 토막이 나 있다. 남성과 여성, 어른과 아이 따위'(〈밀 프라토〉, 미누이, 254쪽).

한편 다음 인용은 신민수 시집에 수록된 보기에 불과하지만 〈도형 그리기〉에서 지면 관계상 일부를 발췌한 것이다. '점의 시작은 비장을 도모하며/ 집착은 선을 긋게 하고/ 몸을 떠는 유배지에 갇힌다/ 크기도 없고 만질 수도 없는 그것으로/ 팽팽한 시간을 긋고' 독해하자. 시작은 '비장'을 도모한다는데 이 語(비장)가 아주 다의적이다. 秘藏, 備藏, 悲壯 등. 독자가 그 어느 것을 택해도 이 시는 통한다. 점이나 선 뒤에는 욕망이 있었으니 심지어 땅따먹기(어린아이 게임)만 해도 몽땅 備藏해야 했고, 남몰래 秘藏해야 했으며(사돈이 땅 사면 배 아프다) 또 백주에 남의 땅을 횡령하자니 悲壯한 각오를 해야 한다. '점'은 무엇이냐. 인생관이나 형이상에 따라 저마다 해석이 다르겠지만 중심쯤으로 해석해 두자. 그것은 또 로고스, 민족, 남자, 남근 중심주의, 정신주의 따위로 바꾸어 읽어도 무방하다. 역사상 한 때는 중화, 요사이엔 워싱턴이 중심이었고,

그리하여 아들을 낳으면 서울/ 미국으로 유학 보낸다. 변두리 촌놈들은 '잠시 후에/ 초고추장으로 피투성이가 될/ 바다를 떠난 새우'(〈바다를 떠난 새우에게〉)로 전락하는 것이다. 보기를 줄줄이 열거할 수 있지만 〈사라진다는 것〉은 목숨 조각조각 떼어내는 새우의 울분을, 그칠 날 없는 〈소화 장애〉, 또 〈밥알이 모래알 같다〉 '귓가에 벌레가 윙윙대는' 〈불면〉 '보도블록 사이 다져진 모래 틈에 상처투성이 된 풀을 보고 종일 앉아 그늘이 되어 준다는 것' 〈어린 나는〉이다. '팽팽한 시간의 의미는 마치 눈앞에(現前)서 느끼는(知覺하는) 생생한 시간을 가리킨다. 보이지 않는 점이나 선은 흐르는 시간도 차단하고 인간을 가두는 것이다. 삼팔선을 상기하라. 갇힌 인간들은 인종忍從하거나 결국은 도주한다.

천민 자본제 사회의 시인들은 정녕 보신상(?) 전략 때문이었는지 좀처럼 자본제의 성공/ 황폐를 모티프화 하지 않는다. 그러한 상황인데도 신 시인은 용감 무후(!)하게 그 성공/ 황폐를 보여주고 있으니 〈묘지·1〉〈매미의 하루〉 등 10여 편이 그것으로 이번엔 후자 도입부를 발췌한다.

"뼈마디마다 관절이 울퉁불퉁 불거진 나무 귀퉁이에/ 붙어 있는 매미 한 마리가 껌을 팔고 있다/ ……입 밖으로는 한 마디 말도 못한다/ 비틀어진 손가락에 힘겹게 매달린 목숨/ 수많은 행인이 지나치는데 누구의 눈에도 띄지 않는다"

평이하지만 신 시인 텍스트엔 동물이 자주 등장한다. 물

론 애완용이 아니고 이를테면 변칙자요 괴물이다. 들뢰즈 등이 이렇게 강조한 바 있다. '동물 서로의 관계는 인간과 동물, 남성과 여성, 어른과 아이, 인간과 4대 원소, 인간과 마이크로 물리적 우주 등 참으로 여러 가지 관계가 있다'(앞의 책 288쪽)고. 최근 보도에 따르면 블랙홀이 행성을 잡아먹는 장면을 촬영했단다. 인체를 구성한 칼슘은 다른 행성에서 왔다는 것이 밝혀졌으니 관절이 불거졌다고 해서 놀랄 것 없다. 자본제는 원래 독/ 약을 함께 주고 있으니까. 캄보디아 노동자가 고향을 떠나 역시 탈코드화한 화폐와 조우한 사실에 놀란 사람은 없다. 자본제 아래서는 모든 것이 보도블록처럼 연접돼 있는 것이다. 손가락에 목숨이 매달릴 수도 있다. 왜냐하면 모든 것이 황폐하고 나면 생명은 반드시 생성 변화할 것이니 물구나무서서 걸으면 손가락에 목이 붙어 있어도 자연스럽지 않겠느냐. 결미結尾에 이르면 매미는 울지도 못하는 노파의 아날로지란 것이 밝혀지지만 이 시련(연민)은 같은 포스트 모더니티를 구성하는 데 기여한 독자의 결단 불가능성(엥데시다블, 데리다)을 어떻게 처리하느냐에 따라 정의의 실현 여부가 좌우될 것이다.

시집은 후반을 넘어가면서 더욱 난해하여 수용이 어려워진다. 가령 〈하늘을 한 장 넘겨 보면〉 "공중에 가득 펼쳐진/ 엉성하게 짜여 진 그물에/ 푸른 물고기 한 마리" "마룻바닥에 뿌리 내리지 못한/ 나무 한 그루" "늑대도 아닌, 원숭이도 아닌, 사람도 아닌, 그 무엇도 아닌/ 간姦 덩이를 공중분해" 엣세러라. 기표(시니피앙)만 범람하고 있지 기의(시니피에)는 없었으니 독자는 당황할 수밖에 없다.

시인은 남유(catachrése)를 즐기고 있는 것이다. 그것은 기호의 게임으로 포스트 모더니티를 상징하는 문채文彩가 되고 있었지만 남유란 '원래의 어떤 관념에 이미 쓰이고 있던 어떤 기호의 새로운 관념―언어 속에 고유의 기호를 그 자체로 가지고 있지 않았던가 혹은 다른 고유의 기호를 이미 갖고 있지 않은 새로운 관념―에 충족시키는 것을 말한다. (데리다, 〈철학의 여백〉 미뉘이 306쪽). 따라서 그것은 달리 비유할 수 없을 때 뜻 바꾸기(轉義)를 얼마든지 즐길 수 있겠다. 그러나 포스트 자본제 하에선 가령 케이팝의 걸그룹이 신체를 에로틱하게 기호화 하듯 글쓰기도 새로운 시니피앙을 찾기 위해서 우회하거나 해석을 지연시키며 즐기는 기호 놀이로 한 판 게임을 펼칠 수 있는 것이다. 시대는 바야흐로 남근중심주의의 의미 생산과잉으로 線(시니피앙 사이의)이 범람/ 사막화 되고 있었다는 것을 시인은 이미 지각하고 있었다. 〈모래사내〉엔 이런 시절이 보인다. '손에 닿는 것은 모조리 모래로 만드는 사내' 바꾸어 쓰기를 하면 사내는 점을 찍고, 선을 그으며 姦덩이(誤識이 아님)도 공중분해하는 유클리드 기하학적 전문가였다는 거다. 시는 책 속에 갇혀 있을는지 모르지만 그러나 신민수 시인이 생산한 남유는 되풀이 읽어야만 재미가 있고 새로운 가능성도 보일 것이다.

달콤한 게으름

지은이 / 신민수
펴낸이 / 김정희
펴낸곳 / **지구문학**

110-122, 서울시 종로구 종로2가 39 뉴파고다빌딩 215호
전화 / (02)764-9679
팩스 / (02)764-7082

등록 / 제1-A2301호(1998. 3. 19)

초판발행일 / 2011년 9월 25일

ⓒ 2011 신민수 Printed in KOREA

값 7,000원

E-mail/jigumunhak@hanmail.net

※잘못된 책은 바꿔드립니다.
※저자와의 협약으로 인지는 생략합니다.

ISBN 978-89-89240-44-0 03810